MIRIAM VALLE CAMPOS

Autora de las novelas
La historia de Lola Gomes y En las Arenas del Pasado

Las elecciones de los
Savais

Un camino. Seis jóvenes.
Un viaje en busca de la felicidad.

Traducción al Español:
J.Thomas Saldias, MSc.
Lima, Perú, Mayo, 2025

Título Original en Portugués:

"As escolhas do SAVAIS"

© Miriam Valle Campos, 2012

Traducido al Español de la 1ra edición portuguesa, Abril 2012

World Spiritist Institute
Houston, Texas, USA
E–mail: contact@worldspiritistinstitute.org

De la Médium

Miriam Valle Campos está casada y tiene tres hijos. Nacida en Piracicaba y de familia espírita, se graduó en enfermería por la UFSC.

Habitual de la Unión Espírita de Piracicaba durante casi veinte años, trabajó en talleres de pintura y con el grupo de teatro, dedicándose también a clases de evangelización infantil y juvenil.

Participó en estudios promovidos por la USE–SP con el objetivo de modernizar estas clases, poniendo en práctica nuevas propuestas de enseñanza–aprendizaje.

Cree que las respuestas contenidas en el Espiritismo pueden ayudar a las personas a vivir mejor, orientando la búsqueda de la felicidad en el proceso evolutivo.

Por intuición o en los estados de emancipación del alma durante el sueño, recibe ideas que desarrolla en tramas para componer obras de teatro y representaciones teatrales o cuentos.

Del Traductor

Jesus Thomas Saldias, MSc., nació en Trujillo, Perú.

Desde los años 80's conoció la doctrina espírita gracias a su estadía en Brasil donde tuvo oportunidad de interactuar a través de médiums con el Dr. Napoleón Rodriguez Laureano, quien se convirtió en su mentor y guía espiritual.

Posteriormente se mudó al Estado de Texas, en los Estados Unidos y se graduó en la carrera de Zootecnia en la Universidad de Texas A&M. Obtuvo también su Maestría en Ciencias de Fauna Silvestre siguiendo sus estudios de Doctorado en la misma universidad.

Terminada su carrera académica, estableció la empresa *Global Specialized Consultants LLC* a través de la cual promovió el Uso Sostenible de Recursos Naturales a través de Latino América y luego fue partícipe de la formación del **World Spiritist Institute**, registrado en el Estado de Texas como una ONG sin fines de lucro con la finalidad de promover la divulgación de la doctrina espírita.

Actualmente se encuentra trabajando desde Perú en la traducción de libros de varios médiums y espíritus del portugués al español, habiendo traducido más de 350 títulos, así como conduciendo el programa "La Hora de los Espíritus."

ÍNDICE

PREFACIO 6

PRESENTACIÓN 8

1– LOS SAVAIS 11

2 – EL INICIO DEL CAMINO...19

3 – EL EGOÍSMO..26

4 – LA INDEPENDENCIA 32

5 – LA ADICCIÓN 36

6 – CODICIA...42

7–AUDIENCIA..47

8 – La tristeza...53

– LA REUNIÓN..58

10 – LA LLEGADA 62

EXPLICACIÓN 65

PREFACIO

En este libro, cuya historia se basa en una oración, Miriam Valle Campos nos lleva a un viaje con un grupo de amigos, que bien podrían estar entre sus propios amigos – puedes tener ocho u ochenta años para viajar con la autora –.

Tanto, la oración y el viaje, funcionan como metáforas sobre una meditación sobre nuestra existencia, que es lo que el texto nos invita a hacer.

Como en un viaje, seguimos cruzando muchos senderos – las dudas del camino –. En nuestro poder está el libre albedrío, que es un derecho y responsabilidad; por lo tanto, la dirección que toma nuestro destino es nuestra responsabilidad.

La búsqueda de la felicidad, más que una constante, se ha convertido casi en una obligación asumida – consciente o inconscientemente –, por parte de las personas en el mundo de hoy. Sin embargo, no estamos contentos. Nos falta la razón de nuestra existencia, y esa razón va más allá de la búsqueda de la felicidad.

¿Dónde encontramos la razón de nuestra vida?

Si analizamos la respuesta que damos a esta pregunta, podemos entender qué sentido estamos dando a la vida y en qué dirección están yendo nuestros pasos por el mundo.

Nacer y morir son pasajes obligatorios en nuestro viaje evolutivo; el progreso es una ley que se cumple a través de la reencarnación y nuestras decisiones.

En esta caminata, no necesitamos ser "el vencedor." Lo que necesitamos es llegar todos juntos, superando nuestras dificultades y ayudando a nuestro prójimo a superar las suyas.

La atención a los demás y la reflexión sobre nosotros y sobre todo lo que nos rodea es lo que debemos buscar si queremos estar siempre sintonizados con el plano superior de Dios para nuestras vidas.

Buena lectura y buen viaje.

Alan Diniz Souza

PRESENTACIÓN

Esta historia fue inspirada en la oración llamada Suplica[1], que pasamos a transcribir: –

"Señor,

Nos invitaste a vivir el clima de la fraternidad, cuando aprietan los conflictos disolventes y se establecen los combate4s ignominiosos.

Nos elegiste para la labor de construcción del reino de Dios, cuando fallecen las aspiraciones del sentimiento humano en el desvío de la civilización actual.

Nos impusiste el deseo renovador, en el cual encontramos la guía de la felicidad intransferible, cuando nubes borrascosas se acumulan en los cielos de la cultura ética de la sociedad.

Estableciste el guion de la renuncia personal a favor de la solidaridad humana, cuando el poder, liderando el jinete de la guerra, difunde la esclavitud con un pretexto injustificado en la dominación arbitraria de la economía internacional o a través de las imposiciones que denigran los sentimientos de libertad humana.

Es nuestro turno de desvelarte, arrancándote de los paisajes oscuros del pasado, para colocarte en la condición de líder

---

[1] *Compromisos iluminativos*, por Divaldo Pereira Franco, por el espíritu Bezerra de Menezes.

insuperable que comanda a los hombres por amor, levantando barreras al odio y diluyendo todas las expresiones virales que son efectos del egoísmo, o del incendio a través haces arder los sentimientos que estaban dormidos antes de encontrarte.

Ayúdanos, Señor, para hacer justicia a la responsabilidad con la que nos dignificas, sirviendo con acierto bajo Tu comando y trabajando con dedicación, siguiéndote en paz.

Hay diversiones por el camino, veredas atractivas que son alucinación y equívoco, en el inmenso paisaje que nos invita, fascinante; sin embargo, rico de guijarros, dardos puntiagudos y abismos disfrazados...

Tu guía constante nos es necesaria, para que no nos detengamos o no volvamos a enrumbar por el sendero que nos llevará al corredor de la alucinación...

Por lo tanto, Señor, en esta oportunidad, como antes, Te exaltamos la figura impoluta y Te decimos que aquí estamos, esperando Tu palabra de orden, para implantar, dentro de nosotros mismos, la primacía del espíritu inmortal, y difundir, alrededor, este reino de esperanza con el que nos saludas.

Haz que tengamos éxito, en el intento que se repita hoy, bajo las bendiciones luminosas de la Doctrina Espírita, el Consolador que nos enviaste, para alcanza el clímax de la felicidad por la que anhelamos."

Utilizando las metáforas propuestas por la autora, surgió la trama relajada, donde la vida se desarrolla en un camino enorme que permite el progreso, el crecimiento y los descubrimientos de las grandes verdades o las decepciones y fracasos, cuando se eligen atajos y escapes.

En un viaje por colores, sonidos y emociones, se esperan los eventos de nuestra narración para la propia vida, de acuerdo con las leyes que gobiernan todo el universo.

Seis jóvenes viajeros, unidos en los mismos objetivos y a través de actitudes singulares se deparan con situaciones inusuales, reuniones inesperadas, alegrías y tristezas.

Entre incertidumbres y dudas, la verdadera amistad sobrevive a las dificultades y al tiempo; entre problemas y enigmas, la perseverancia se muestra eficaz y cuando todo parece perdido, siempre surge una nueva oportunidad.

1 – LOS SAVAIS

Solo es realmente grande aquel que, considerando la vida como un viaje que tiene un destino correcto, no se molesta con la dureza del camino, ni siquiera se deja desviar por un momento de la ruta correcta. Con los ojos fijos en su objetivo, poco le importan que los obstáculos y las espinas del camino lo amenacen; éstos solo lo rozan, sin herirlo y no le impiden avanzar.[2]

El señor Sabio estaba absorto entre tantos libros, concentrado en una lectura tan interesante que ni siquiera notó la llegada del aventurero. Jadeante, entró apresuradamente llamando a su amigo sin preocuparse por sacarlo de sus estudios, después de todo, siempre fue todo siempre estaba estudiando...

– ¡Disculpe, señor! Disculpe si interrumpo...

– No hay necesidad de disculparse – dijo el viejo mirando por arriba de sus gafas sin levantar la cabeza como si no pudiera interrumpir la lectura durante mucho tiempo.

– Nos gustaría; es decir, nuestro grupo, el SAVAIS..:

– Está bien, Aventurero, dilo de inmediato.

– Sí, señor Sabio. Parece que finalmente llegó la hora.

---

[2] El Evangelio según el Espiritismo, Allan Kardec, cap. XII, 11.

– Eso puede esperar – dijo cerrando el libro y colocándolo en las pilas sobre la enorme mesa de madera tosca. Se levantó y acompañó al inquieto joven.

Mientras se alejaban del elegante casa del gran árbol donde vivía el viejo Sabio, los pájaros cantaban felizmente, saltando de rama en rama. El camino a través de la suave hierba estaba rodeada de flores silvestres de todos los colores, arbustos y follaje, todo tan colorido y fragante que llegaba a parecer irreal. La dulce brisa de la mañana les acariciaba la frente recordándoles la frescura del rocío que todavía estaba presente en las hojas y pétalos.

El señor Sabio vivía por aquellos parajes, lejos de todos. Apreciaba el silencio y el contacto con la naturaleza. Era el lugar perfecto para sus estudios y meditaciones, pero ni siquiera eso lo aislaba del convivio con la personas. Hacía largas caminatas para encontrarse con los aldeanos de los alrededores que lo estimaban mucho y, como era sabio, solía ayudar a todos con el conocimiento que había adquirido.

Conservaba el aspecto de viejo con el cabello y las barbas blancas que recordaban al Merlín de las historias del rey Arturo. Tal vez le gustase el parecido, no se sabe con certeza, porque nunca lo explicó. Cuando alguien tocaba este tema, el señor Sabio esquivó hábilmente y cambió el curso de la conversación.

En un claro, avistaron el grupo de SAVAIS conversando relajadamente. Eran seis jóvenes que se aconsejaban con el señor Sabio. Interesados y aplicados en los estudios, aunque ruidosos y algo irreverentes, se demoraban por aquellos parajes. Sin embargo, parecía que finalmente había llegado el momento de la partida.

– ¡SAVAIS! ¡Llegamos! – Gritó Aventurero saludando.

Entusiasmados, corrieron al encuentro y después de los cálidos saludos a su viejo amigo, se acomodaron nuevamente en la hierba suave, a la sombra de una enorme higuera, y el Sabio comenzó a observar uno por uno. Se podría percibir la ansiedad en cada mirada. Entonces, dijo con calma:

– ¡SAVAIS! Entonces ¿finalmente están decididos a partir? La evolución depende de cada uno. Las oportunidades son otorgadas a todos por igual, pero Dios respeta nuestra individualidad y espera pacientemente el momento en que querremos seguir en su dirección.

El aprendiz apenas respiraba para no perder una sola palabra del querido señor Sabio. Su hermoso cabello dorado, suave, y liso, tan delgados, ligeros se balanceaban con la brisa y sus ojitos azules muy abiertos parecían beber las enseñanzas del maestro con gran interés. El viajero era como si ya hubiera partido. Sus grandes ojos negros guardaban el misterio de sus pensamientos y su respiración profunda dejaba escapar el deseo de tener pronto su oportunidad. Aventurero, todavía un tanto jadeando e inquieto se movía, a veces estirando las piernas o encogiéndolas, cruzando e descruzando sus brazos, empujando a sus compañeros a su lado, disculpándose suavemente. Alto y delgado, cabello largo atado en "cola de caballo", parecía que no podía sentarse en ningún lugar tan inquieto. Inseguro escuchaba callado. Sus manos sudaban cuando el señor Sabio hizo las recomendaciones finales. Tenía la esperanza de encontrar la serenidad en aquellas palabras en forma de enseñanza. Tipo común, ni alto ni bajo, ni gordo ni flaco, cabellos castaños cortados a la manera tradicional, mirada asustada. Apariencia soñadora parecía muy feliz, balanceando la cabeza y concordando con lo que escuchaba. El cabello rojizo rizado acompañaban sus movimientos con gracia. Solitaria, muy seria y compenetrada en el discurso del maestro, no dejaba transparecer lo que iba en el alma, rígida y atenta a cada palabra. Traía en el cabello, trenzas unidas por cintas de colores que realzaban la piel negra aterciopelada y en la mirada cierta nostalgia.

El señor Sabio hizo una pausa como para sentir el ánimo del grupo. Aprovechando el silencio, el aprendiz comentó:

– Realmente quería entender todo mejor eso.

– Para que podamos entender exactamente cómo tomamos nuestras elecciones y resolvemos un día buscar a Dios, es necesario seguir el camino – respondió el Señor con calma.

– Ahora que decidimos partir, quería saber más sobre el camino – dijo Aventurero.

El maestro continuó aclarando:

– El camino es mágico. Puedo plasmarlo y siguiendo a través de él, pueden seguirlo, y ustedes pueden encontrar las respuestas a todas sus preguntas.

Buscando coraje, Inseguro arriesgó:

– Bueno, no sé... ¿y si me pierdo por allí?

– Deben seguir siempre hacia seguir adelante, prestar mucha atención a todo, pero el secreto para no perderse es siempre reflexionar en el bien. Piensen en Jesús, en sus lecciones de amor y sabrán cómo salir victoriosos.

Y apenas terminó de hablar, Solitaria ya hacía una nueva pregunta:

– ¿Y vendrás con nosotros?

– No – respondió cariñosamente –. En esta caminata, ustedes deben seguir sin mí, de lo contrario, poco aprenderían. Pero estaré presente en el pensamiento.

Viajero, curioso también hizo su pregunta:

– ¿Y qué vamos a encontrar allí?

– El camino es mágico, como dije. Encontrarán exactamente lo que cada uno necesita para que sus dudas se aclaren y lo que cada uno busca ser parte de las experiencias vividas – respondió aun el señor con la misma serenidad.

Darse cuenta del entusiasmo del grupo de los SAVAIS, guardó silencio para que pudieran continuar exponiendo sus dudas y ansiedades. Soñadora fue quien continuó:

– ¡Me imagino que será un viaje fantástico, lleno de aventuras, emociones y al final regresaré victoriosa!

– Si permaneces firme en tus propósitos más nobles, encontrarás al final, mucha luz interior – completó el señor dirigiéndose a la jovencita pelirroja de mirada significativa.

Sintiéndose apoyado por el grupo y su orientador, Inseguro se desahogó:

– No lo sé, estoy con miedo...

Y todos, casi al mismo tiempo:

– Bueno, ¡yo me voy a arriesgar! Es todo o nada – dijo Aventurero entusiasmado.

– Si estamos todos juntos, creo que tendré una oportunidad – concluyó Solitaria.

– Va a ser genial– dijo Soñadora.

– Es una buena oportunidad para el crecimiento personal – dijo Viajero optimista.

– ¿Puedes darnos algo para recurrir en los momentos de dificultad? – Pidió Aprendiz pensando en garantizar una jornada segura.

El señor Sabio buscó en los bolsillos de la enorme túnica, retirando un pequeño libro. Se lo entregó a Aprendiz diciendo:

– Toma este libro y guárdalo con cariño. Divide con tus compañeros de viaje toda la sabiduría contenida en sus páginas para guiar sus pasos.

Ella abrió el libro para asegurarse de qué se trataba y leyó la siguiente oración:

– *"Mientras la vida se expresa la vida, se multiplican las oportunidades para crecer y ser feliz. Cada día es una nueva bendición que Dios te concede, dándote prueba de amor.*[3]*"*

– El mensaje no podría ser más oportuno. Este día que se inicia y que marca el comienzo de una nueva etapa en sus vidas, les brinda una nueva oportunidad para el aprendizaje y el crecimiento, y es la más pura expresión de la bondad de

---

[3] *Vida Feliz*, Divaldo P. Franco, por el Espíritu Joanna de Ângelis, 14ava Ed., p. 13.

Dios – reflexionó el señor Sabio y con la misma tranquilidad, sosteniendo las manos de la jovencita, la hizo cerrar el pequeño libro y explicó:

– Este libro siempre debe ser consultado. En él encontrarán las respuestas.

– Y las preguntas, ¿dónde las encontraremos? – Bromeó alegremente Aventurero.

– Respuestas a muchas preguntas que seguramente surgirán en el camino – prosiguió de buen humor el señor.

Terminada la explicación, el señor Sabio se levantó. Como indicando que se acercaba el momento de la partida, a lo que fue acompañado por todos. Abrazaron formando un círculo y sus ojos estaban ansiosos. El querido amigo los involucró en una gran paz mientras pronunciaba algunas palabras incomprensibles para el grupo. El , Viajero lo interrumpió vacilante:

– Antes de partir, me gustaría saber si usted ya ha recorrido el camino.

– Sí – respondió asintiendo con su cabeza afirmativamente –. Muchas veces, ni siquiera puedo contarlas, siempre asistido por queridos amigos. También ya estuve perdido en atajos y abismos o distraído por atractivas diversiones. Pero gracias a la bondad de Dios, pude tener el tiempo que necesitaba para encontrar la salida. Y hoy, estoy aquí, guiándolos. ¿Están listos?

– ¿Nos estarás esperando al final? – Preguntó Aprendiz.

– Ciertamente y aunque no puedan verme, los acompañaré también en el camino – los tranquilizó el querido anciano.

Todos abrazaron al señor con afecto, diciendo adiós. El sabio señor, emocionados. Siguientemente, se alinearan curiosos frente a una nube de humo blanco que comenzó a formarse. El señor Sabio, gesticulando y pronunciado las palabras necesarias, se concentró en plasmar el camino.

La brisa suave fue aumentando y transformándose en un viento que sacudía las ramas de los árboles y removiendo los pétalos de las flores formando en el aire un hermoso espectáculo de color y movimiento. A medida que la nube adquirió mayores proporciones, y se convirtió en un enorme portal para el camino, que podía ser visto por el grupo SAVAIS.

El señor Sabio, manteniendo sus brazos levantados y sus manos abiertas en dirección al firmamento, somo asegurando el portal abierto, pidió a cada uno de los jóvenes que cruzaran. En el momento del pasaje, relámpagos multicolores ofuscaban su visión con luz y belleza.

Después que el último de ellos transpuso el misterioso círculo ahumado, el viejo orientador del grupo todavía permaneció allí parado, como manteniendo durante algún tiempo más el portal abierto. De ojos cerrados y rostro sereno, sumergido en una oración profunda para enviar fuerzas al grupo que acababa de comenzar un viaje tan importante.

Pronto el pasaje se cerró y todo volvió a la normalidad. Solo el canto de los pájaros rompía el silencio de la mañana, mientras el señor regresaba a casa.

2 – EL INICIO DEL CAMINO

(...) *hay quienes toman desde el principio, un camino que los aleja de muchas pruebas.*[4]

Y allí se fueron los SAVAIS. Todos muy serios y compenetrados en la nueva jornada que los esperaba. Cualquiera que pudiese verlos seguramente recordaría las risas y bromas entre los claros o la aldea, imaginando que el tiempo en que se estuvieron preparando fue oportuno, en vista de la seriedad de sus semblantes en el momento de la partida.

No llevó mucho tiempo y los jóvenes terminaron de transponer el portal, lleno de luces y sonidos hipnotizantes para dejarlos algo aturdidos. Todo parecía irreal y fantástico, pero al mismo tiempo acogedor y envolvente.

Tan pronto como pisaron el suelo del Camino, algo muy curioso les pasó.

– ¡Caramba! – Dijo Aprendiz –. Pero, ¿qué lugar es este?

– Tengo la presentación que es un mundo de gigantes – completo Aventurero.

---

[4] *El Libro de los Espíritus,* Allan Kardec, Libro II, V – La Elección de las Pruebas.

– Tienes razón. Me siento pequeña e incapaz – murmuró Solitaria.

– No puedo caminar por aquí – dijo Soñadora al percibir lo que les estaba sucediendo.

Todos estaban arrodillados tratando de levantarse, sin saber lo que les estaba pasando.

– ¡Abre el libro, Aprendiz! ¡Nos puede ayudar! – Dijo Soñadora preocupada.

Y el libro fue abierto:

– *Mantén tu control emocional en todas las situaciones. Si las dificultades amenazan tu equilibrio, utiliza la oración.*[5]

Todos pensativos reflexionaron en la sugerencia del mensaje y cada uno a su manera inició una oración: Soñadora cerró los ojos y así como Viajero y Aprendiz, comenzó a rezar en pensamiento; Solitaria pronunció suavemente unas pocas palabras de oración que se dirigieron a lo Alto; Aventurero repitió la oración que el señor Sabio les había enseñado y que sabía en la punta de la lengua e Inseguro no podía concentrarse para rezar. ¡Estaba aterrorizado!

- ¡Calma! - Reflexionó el Viajero –. Vamos a esforzarnos para ponernos de pie e intentar comenzar a andar... lentamente.

Mientras todos intentaban levantar, Inseguro se fue desesperando. Permitiendo que los sentimientos negativos creciesen dentro de él, miró hacia atrás, vio el portal aun

---

[5] *Vida Feliz*, Divaldo P. Franco, por el Espíritu Joanna de Ângelis, 14ava, Ed., p.21.

abierto, tan cerca; con las luces de colores y con el sonido envolvente llamándolo de regreso.

- ¡No podré caminar! Estoy con miedo, mucho miedo de este lugar. Voy a regresar. No quiero seguir por este Camino - dijo angustiado.

Sin ellos pudieran ir a su encuentro, por la dificultad que sentían para moverse, todos hablaban al mismo tiempo tratando de evitar que regresara, intentando llamarlo a la razón:

– No vuelvas, amigo SAVAIS.

- ¡Espera un poco, Inseguro!

- ¡No te rindas tan rápido!

– ¡Lo vas a conseguir, sí! ¡Intenta esforzarte!

- Espera, espera.

Pero Inseguro, totalmente desacreditado de sí mismo, no dando oídos a los apelos de los compañeros. Simplemente se volvió hacia atrás y en un salto se zambulló en el portal, solo diciendo:

- No puedo. ¡Adiós!

El grupo SAVAIS, perplejo, no pudo comprender la actitud de Inseguro. Habían pasado tanto tiempo preparándose para el viaje... pero el momento no les dejaría permanecer en cismas durante mucho tiempo. Estaban ahora al comienzo de un largo Camino y no podían ni siquiera dar un paso.

Aun aturdido por todo lo que les sucedía, cuando apenas acababan de perder un compañero del grupo y pensaban en qué hacer, cómo comprender este inicio del Camino, lo que les diría el señor Sabio en una situación de esas, he aquí que surge una mujer. ¡Qué hermoso era! Sus túnicas claras, su mirada bondosa y dulce, y el suave perfume para contagiarlos.

Mientras los SAVAIS la miraban, encantados con su dulce imagen, ella les extendió sus brazos y acercándose les dijo:

– Vengan, vamos, déjenme ayudarlos. Denme sus manos, vamos a ponernos de pie. Después de los primeros pasos, ¡todo se vuelve más fácil!

Y fue tomando a uno por uno y llevándolos despacio. Al tocarlos, les dio fuerza y seguridad, y ellos podían caminar lentamente, pero firmes.

- ¡Pero qué hermosa! – Dijo Aprendiz extático.

- ¡Y qué amable es, queriendo ayudarnos! – Complementó Aventurero.

- ¡Lo estoy consiguiendo, miren, gracias a ella! – Dijo, Solitaria, radiante de alegría.

- De esta manera, ¡pronto estaremos corriendo por allí! – Dijo Soñadora, optimista.

- Pero por favor, ¿dinos quién eres y por qué nos estás ayudando? – Quiso saber Viajero, curioso.

- Soy el Amor Materno – les respondió la mujer con su dulce voz. Recibo a los viajeros al comienzo del Camino cuando llegan débiles e inseguros.

El grupo SAVAIS escuchó atentamente, pero más de mil dudas les llegaron frente a tanta amabilidad y comenzaron a hacer preguntas al Amor Materno:

- ¿Ayudas a todos los que llegan al Camino? - Quería saber el Aprendiz.

- Así es - respondió el Amor Materno. Les enseño los primeros pasos con amor y paciencia, pero también enseño otras cosas.

- ¿Qué otras cosas? - Preguntó Aventurero.

- ¡Calma! – Ponderó la mujer –. Tendremos mucho tiempo y podrán ver que con mi ayuda aprenderán todo lo que es vital para proseguir solos y de manera segura.

- ¿Quieres decir que nos abandonarás por el Camino? – Preguntó esta vez Solitaria.

Sonriente, el Amor Materno continuó aclarando:

- ¡Por supuesto que no los abandonaré! Solo que seguirán solos cuando estén listos.

- ¿Y cuándo estaremos listos? – Preguntó Soñadora.

- ¡Calma! – Respondió al Amor Materno intentando reducir la ansiedad de todos –. ¡Un paso a la vez! ¡Sientan lo bueno que es caminar! Lentamente...

Con la ayuda de una mujer tan amable, todos se sentían capaces y la sensación que los envolvía era gratificante. Experimentaban las piernas menos pesadas y a cada paso, aunque lento, podrían percibir algunos progresos. Ella les extendía sus brazos, los amparaba, los fortalecía con la sonrisa, la amabilidad y toda la aclaración necesaria sobre la larga jornada que iniciaban. El miedo que los acompañó desapareciera dando paso a un gran entusiasmo y optimismo.

- ¡Lo estoy consiguiendo! ¡Tengo ganas de correr! – Dicho Viajero, casi gritando de felicidad.

- Todavía no puedes correr - intervino el Amor Materno –. Puede caerte y lastimarte. Únete a los demás y caminemos lentamente, todos a mi lado.

Mientras caminaban junto al Amor Materno, se sintieron apoyados; sin embargo, comenzaron a percibir muchas necesidades que surgían aunque no eran urgentes no eran notadas antes de cruzar el portal.

- ¡Estoy hambriento! – dijo Aprendiz.

- ¡Yo siento frío! – Se quejó Aventurero.

- ¡Estoy cansada! – Dijo Solitaria.

– ¡Tengo miedo! - Exclamó Soñadora.

- ¡Estoy con sueño! – Dijo Viajero.

Tranquilamente, Amor Materno abrazó a todos y les respondió con calma:

- Para eso estoy aquí. Para satisfacer todas sus necesidades iniciales. Y cuento con la ayuda del Amor Paterno.

Mientras que los SAVAS se acercaban al Amor Materno para que cada necesidad se satisfaga, un hombre alto y robusto llegó junto a ellos. De su mirada mostraba fuerza y su sonrisa era afable.

- ¡Hola! – Dijo amistoso –. ¡Sean todos bienvenidos! Soy Amor Paterno y acompaño siempre a Amor Materno. A sus cuidados y caricias, agrego mi fuerza y coraje. De esa manera, los viajeros recorren gran parte del trayecto protegidos y fortalecidos para seguir solos más tarde.

- ¡Así parece mucho más fácil! – Suspiró Aprendiz.

– ¡Estoy seguro que ahora sí lo conseguiré! – Dijo Aventurero.

- ¡Parece tan bueno que no querré seguir sola más tarde! – Dijo sonriendo Solitaria.

- ¡Que nada! Así es bueno, ¡pero después será mucho mejor! – ¡Bromeó Soñadora!

Y allí se fueron todos, caminando lentamente, amparados por Amor Materno y Amor Paterno, mirando el paisaje y haciendo mil preguntas. Curiosos, querían saber todo sobre el Camino, el viaje, sobre los otros viajeros, y mucho más que ni siquiera hay espacio para contarles. ¡Estos son los SAVAS!

3 – EL EGOÍSMO

(...) *Este hijo del orgullo, es la fuente de todas las miserias terrenales.*[6]

– Mientras caminaban charlando, los SAVAS, en cierto trecho del camino se acordaron de Inseguro. ¡Qué lástima que volviera! Era un buen amigo. Un poco inseguro, es cierto, pero leal y honesto. Le gustaban los juegos y se reía mucho con todos.

- Lástima que Inseguro ni siquiera esperó a ver. ¡Pronto se regresó, cobarde! – Dijo Viajero demostrando la tristeza que sentía.

- No pienses en eso ahora - les ayudó Amor Materno -. Inseguro seguramente tendrá otra oportunidad.

- Si alguien tiene alguna dificultad por el Camino, a pesar de todo nuestro cuidado, ¡puedo volver a ampararlos e incluso a cargarlos! – Bromeó Amor Paterno mostrando su fuerza, queriendo hacerlos olvidar la pérdida del amigo.

- ¡Esto es demasiado bueno! – Dijo Aprendiz.

Y mientras todos reían, Aventurero se fue poniendo cada vez más serio, y con cada paso, extraño mal humor lo

---

[6] *El Evangelio según el Espiritismo*, Allan Kardec, cap. XI, 11.

envolvía más y más, hasta que no soportó más su estado de ánimo, se desahogó:

- Esto no es tan bueno. Somos cinco y tenemos que dividir la ayuda y el auxilio que recibimos. ¡Yo quiero un Amor Materno y un amor Paterno solo para mí! Punto.

Todos estaban sorprendidos por tal actitud y no sabían qué decir, pero Amor Materno, con la calma y la dulzura habituales reflexionó:

- Lamentablemente eso no es posible.

Aventurero pareció revoltarse al escucharla, y sin pensar en nada más, continuó agresivo:

- ¡Eso no es justo!

Aprendiz, preocupada, dijo, tratando de hacer que volviese en sí mismo:

– ¡Trata de calmarte, Aventurero! ¡Esto no es motivo para ponerte tan alterado!

Pero el joven, más inquieto que nunca, con los ojos muy abiertos continuó:

- Jamás me sentí así. ¡Parece que mi pecho arde como fuego y no puedo ver nada más a mi alrededor, excepto yo mismo! ¡Qué horrible, me estoy quedando ciego!

Y Aventurero, desesperado, no conseguía dar un solo paso más. Incapaz de ver nada a su alrededor, era como si solamente él existiese.

Viajero tuvo una idea:

– ¡Aprendiz, el libro! Este es un momento de necesidad real para el Aventurero. Pon el libro en sus manos para que lo abra.

Rápidamente Aprendiz tomó el libro y lo colocó en las manos del compañero alterado, que transpiraba de pavor. Con la respiración jadeante, abrió el libro y sorprendido gritó:

- ¡Puedo ver la frase que encontré! ¡Estoy salvado! – Y leyó en voz alta:

- *El egoísmo es una enfermedad que envenenan el alma. Lo que te está reservado, aprende a compartir.*[7]

Al terminar, cerró el libro y se lo entregó a Aprendiz. Cabizbaja, pensativo, fue recuperando su visión y mirando a todos los que lo rodeaban.

- Entonces, ¿cómo te sientes? – Preguntó Solitaria, abrazando a su compañero.

- Ya puedes vernos, ¿verdad?" – Quería saber Soñadora.

- Estoy mucho mejor - Respondió Aventurero tomando valor -. Solo un poco avergonzado por haber sido tan egoísta.

- ¡Vengan! - Los llamó Amor Materno -. No podemos perder más tiempo.

- Ustedes acabaron de conocer el egoísmo - dijo el Amor Paterno -. Afortunadamente, Aventurero no se dejó dominar por él, de lo contrario, además de no poder ver, no escucharía a nadie más y quedaría plantado por el Camino sin poder dar más un solo paso. ¡Es muy serio!

---

[7] *Vida Feliz*, Divaldo P. Franco, por el espíritu Joanna de Ângelis, 14ª ed., p. 17.

Recordando al querido señor Sabio, Viajero, muy optimista, le dijo al grupo SAVAS:

- No debemos olvidar las recomendaciones de nuestro querido instructor: "¡Siempre adelante!"

Y todos repitieron alegres, "¡Siempre adelante!

Continuaron, día tras día, cada vez más fuertes y seguros, siempre acompañados por el Amor Materno y Paterno. Conocieron la aurora de innumerables días y asistieron a innumerables puestas del Sol. Apreciaron el cielo estrellado y la luz plateada de la Luna para guiarles los pasos por la noche oscura. Sintieron el aroma de muchas flores y la suave brisa de primavera. También experimentaron el frío del invierno, conocieron la nieve que se extendía en forma de copos en el viento haciendo la visión encantadora y caminaron en el calor excesivo, enterneciéndose con el paisaje árido y desértico de algunos trechos del Camino. Escucharon lindos cantos de pájaros mil y caminaron tranquilos a través de la hierba suave. El viento ululante se hacía música y las piedras les enseñaron a caminar con precaución porque podían deslizarse bajo sus pies derribándolos. La lluvia muchas veces caía sobre sus cabezas y la incomodidad de estar mojados tuvo que ser enfrentado.

A medida que seguía por el Camino, se encontraron con muchos otros viajeros. Algunos seguían apresurados, otros lentamente; algunos buscaban atajos, otros salían de ellos; había los que se detenían para descansar, aquellos que seguían cantando, sonriendo, los que lloraban, maldecían, los silenciosos y los habladores. Caminaran lado a lado con unos, con otros, fue solo un encuentro informal.

Con cada nuevo contacto, surgían dudas y curiosidades, y el Amor Materno y Paterno buscaban aclarar con tranquilidad:

- ¿Por qué corre tanto ese? ¿A dónde va con tanta prisa? – Preguntó Soñadora.

- Algunos no quieren perder el tiempo, quieren llegar al final rápidamente - dijo Amor Materno –. No disfrutan el viaje cuánto deberían.

- ¿Qué pasa con los demás que van muy lentamente? – Preguntó Aventurero.

- Estos no se sienten seguros de la dirección que deben tomar - fue la voz de Amor Paterno.

- Veo muchos descansando... – arriesgó Aprendiz.

- También a menudo nos acostumbramos a hacer pausas, ¿no? ¡Todos necesitan renovar fuerzas para seguir adelante! - Explicó Amor Materno.

- Y antes de preguntar, si algunos cantan, ríen o lloran, silencian o hablan demasiado, actúan de acuerdo con sus propias tendencias - dijo sonriendo Amor Paterno.

- Durante el Camino, muchos cambian, mejorando las imperfecciones a medida que ganan experiencia en la caminata - completó Amor Materno.

- ¿Qué pasa con los que eligen los atajos? – Era el turno de Viajero.

- Cuando surgen los atajos, así sean encantadores y acogedores, son solo desviaciones de Camino - reflexionó el Amor Paterno.

- No es aconsejable seguirlos. Recuerden que no resolvemos los problemas huyendo por la primera puerta que surge, sin saber cuenta de lo que hay detrás de ella – completó el Amor Materno.

- Y terminan teniendo que volver al Camino, ¿no? – Quiso saber Solitaria.

- Tienes toda la razón - dijo Amor Paterno.

4 – LA INDEPENDENCIA

La sabiduría de Dios se encuentra en la libertad de escoger que concede a cada uno porque así casa uno tiene el mérito de sus propias elecciones. [8]

Después de la primera etapa de la caminata, Amor Materno y Paterno, que decía palabras alentadoras, se despidieron de los jóvenes. Algo decepcionados, tal vez incluso inseguros, dudado en continuar.

– ¿Tendremos que caminar sin ustedes de ahora en adelante? – Preguntó Aprendiz en lágrimas.

- Es parte de la jornada. Además, ya están preparados, pueden ir con confianza - reflexionó Amor Materno.

- Y no se preocupen más de lo necesario. Si miran hacia atrás, todavía podrán vernos a cierta distancia por un tiempo, en caso de algún imprevisto – dijo Amor Paterno.

- ¿Podríamos abrir el libro por última vez con ustedes?

- ¡Ciertamente! – Dijo Amor Paterno.

- ¡Claro que sí! – Estuvo de acuerdo Amor Materno.

---

[8] *El Libro de los Espíritus*, Allan Kardec, Libro II, VII – Progresión de los Espíritus.

Aprendiz entregó a Amor Paterno el pequeño libro para que esta vez él lo abriese:

- *La vida obedece un plan de incesantes cambios y transformaciones. Espera con armonía íntima, alejando de tu programa la agitación y el miedo.*[9]

La frase leída dispensaba comentarios. Sonriendo, cada uno trató de poner en práctica lo que acababa de aprender.

- Ahora vayan, cada uno con la certeza que los amamos mucho - dijo bondadosa Amor Materno.

– ¡Y creemos en ustedes, SAVAS! – Añadió, Amor Paterno.

Se despidieron con abrazos apretados y miradas anticipadas llenas de anhelo. Los SAVAS entonces, respirando profundamente, cómo tomando coraje, continuaron. A veces uno de ellos miró hacia atrás y podía ver a los queridos Amor Materno y Paterno, sintiéndose seguro para continuar. Al principio iban en silencio y un poco tristes, pero mientras caminaban, podían sentir que realmente se habían convertido en independientes. Aun así, continuaron mirando hacia atrás, una y otra vez, hasta que lo olvidaron, no del Amor Materno y Paterno, sino de la dependencia. Y a pesar de haber alcanzado el estado de autosuficiencia, ya no necesitaban loa protección y amparo para seguir el Camino, sorprendentemente, una y otra vez, los queridos Amor Materno y Paterno aparecían para verlos rápidamente.

---

[9] Vida Feliz, Divaldo P. Franco, por el Espíritu Joanna de Ângelis, 14ava. Ed. P.17

Fue así por un tiempo. Fue como una transición que llegó a su fin para que comenzase una nueva etapa del viaje del grupo.

- Percibo que hemos caminado últimamente sin Amor Materno y Paterno - dijo Aprendiz reflexivo un día determinado.

- Cierto, ya no podemos verlos a la distancia siguiéndonos los pasos - acordó Aventurero.

- Tampoco han aparecido, ni siquiera de vez en cuando, para dar algunos pasos a nuestro lado – observó Solitaria.

– A pesar de sentir nostalgia del tiempo en siempre estuvieron con nosotros, confieso que estoy feliz de poder caminar solo - dijo Viajero seguro de sí mismo.

– ¿Saben algo? – Preguntó Soñadora -. Yo también. No podíamos dar una tropezadita, que ellos ya corrían a ayudarnos.

- ¡Es verdad! – Concordó Aventurero –. ¡Nos trataron como bebitos!

- Somos capaces de seguir solos con seguridad - dijo Aprendiz.

- ¡Así es! ¡No nos pasará nada! – Estuvo de acuerdo Soñadora.

¡Fue divertido verlos así, sintiéndose tan... poderosos! Sus ojos brillaban y el entusiasmo era general.

Aprendiz, tan clarita, menuda y dulce, caminaba abrazada a las otras dos. Soñadora, la pelirroja con cabellos rizados, en un lado y Solitaria al otro. Aunque no hablaban mucho, eran unidas y muy amigas. Soñadora y Aprendiz solían ayudar a Solitaria a hacer las trenzas en su cabello, siempre unidas por cintas coloridas que tanto la adornaban. Pero más parecía una princesita africana caminando con desenvoltura, mostrando el hermoso color de su piel y sus ojos siempre muy atentos. ¡Los muchachos que se cuidaran! Ellas siempre se las arreglaban de una manera de hacer todos sus gustos y voluntades. ¡El grupo; sin embargo, estaba muy unido y uno podría contar con el otro para cualquier cosa!

Viajero caminó al frente para observar todo los detalles con sus grandes ojos negros. El cabello del mismo color acompañaban sus pasos en un balanceo que más parecía un baile. Su cuerpo atlético tenía derecho hacía justicia a su disposición y determinación. Era un buen chico, responsable y amoroso.

Aventurero, a veces acompañaba a las chicas, a veces las dejaba quedarse más atrás, e incluso trataba de acompañar a Viajero. Muy alto y delgado, cabello con largo generalmente atado, llevaba ropa ancha y cómoda. Siempre inquieto, hablaba con todos queriendo saber de todo.

¡Interesante el grupo SAVAS! Cinco jóvenes llenos de buenos sentimientos tratando de superar sus imperfecciones que insistían en permanecer incrustadas en sus personalidades. Caminaban optimistas, con la esperanza de dejar los incómodos hospedajes en el Camino.

5 – LA ADICCIÓN

Pero el que se deja llevar por el mal Camino corre todos los peligros del mismo.[10]

– ¡Ey! ¿Qué es eso? - Preguntó Viajero señalando algo que surgía más adelante.

Los cinco disminuyeron el paso y frunciendo el ceño en la frente observaron atentamente. Temerosos se acercaban lentamente, hasta que Aprendiz dijo suavemente:

– Ah! ¡Debe ser la adicción!

Era un hombre muy alto, usando una especie de frac colorido. Llevaba con él muchas cosas, todo muy extraño. Botellas con formas interesantes conteniendo sustancias de colores variados y llamativos. Todos miraban sorprendidos. Aventurero arriesgó un comentario:

- ¡Miren, como parece feliz!

Realmente parecía muy feliz, riéndose despreocupadamente.

- No debe ser tan peligroso como Amor Materno y Paterno nos hablaron – concluyó Solitaria precipitadamente.

---

[10] *El Libro de los Espíritus*, Allan Kardec, Libro II, V– Elección de las pruebas.

- ¡Es cierto! – Soñadora estuvo de acuerdo –. Veamos más de cerca.

Todos se acercaron con precaución para poder ver mejor a la adicción, muy contenta, pronto fue comenzando con su conversación habitual:

- ¡Oh! Miren, tengo compañía! ¿Qué tal un traguito? ¡Vengan más cerca, puede probar todo aquí! ¡Todo lo que quieran: bebidas, cigarrillos, marihuana, cocaína, crack, heroína y más!

Mientras hablaba, levantando los brazos y girando los pertrechos que reflejaban luces coloridas alrededor de todos. El grupo SAVAS parecía hipnotizado por la belleza de los colores al girar.

– ¡Vengan! ¡Acérquense! – Continuó la adicción.

- Bueno, no lo sé... – Dijo Viajero muy desconfiado

Apoyándose en su compañero, Aprendiz fue hablando con una vocecita un poco fina.

- ¡Es solo que el Amor Materno y Paterno nos dijeron que nos mantuviéramos lejos de usted!

La adicción dejó escapar una sonora carcajada y respondió:

- Dicen eso, pero ¿saben por qué? Porque no saben lo bueno que es. Pero ustedes, que son inteligentes y astutos, ciertamente no perderán la oportunidad de disfrutar de esta delicia, ¿verdad?

Aventurero, junto con Aprendiz y Viajero, más inquieto de que de costumbre, decía:

- ¡Ciertamente no queremos probar!

- ¡Mejor que sigamos nuestro camino! – Completó Solitaria, uniéndose a los otros tres.

La adicción, visiblemente molesta, miró a Soñadora, que permanecía más alejada del grupo, y usando el tono de voz más cortés que consiguió, le dijo:

- ¡Mira esos cobardes! No tienen el coraje de experimentar.

Ella se estremeció al escucharlo y solo pudo decir algo hesitante:

- Pero todos eso vicia, esclaviza...

Al darse cuenta que la compañera le ponía más atención del que debería al extraño, Viajero, dijo bien fuerte alto:

- ¡Mejor vámonos!

La joven pelirroja con cabello rizado quiso acompañarlos, pero la adicción continuó:

- ¡Es una mentira, no te vicia! ¡Puedes intentarlo si quieres, los usas y si crees que es bueno puedes parar a la hora que quieras!

- No te vicia, ¿estás seguro? - Preguntó Soñadora interesada.

- ¡Claro que sí! – Respondió cínica la adicción –. ¡Y puedes disfrutar de lo mejor!

Aprendiz, preocupada, creó el coraje y dijo casi gritando, llamando la atención de la amiga:

- ¡Mejor vámonos!

Pero la adicción, sin quitar los ojos de Soñadora:

- ¡Ven! ¡Tú si quieres probar! – Y le extendió los brazos.

La joven dio un paso en su dirección. Sus ojitos brillaban mientras decía:

- Bueno... siempre tuve cierta curiosidad...

Esta vez fue Aventurero quien gritó llamándola de vuelta a la razón:

- ¡Siempre hacia adelante!

Pero Soñadora no quería escucharlos y la adicción continuó:

- Siento que eres diferente de ellos.

- ¿Realmente lo crees? - Le preguntó la jovencita orgullosa de sí misma.

Solitaria intentó una vez más:

- ¡Mejor vámonos!

- De hecho, ellos no sirven como compañía para ti. ¡Son algunos imbéciles! – Dijo la adicción a Soñadora abrazándola y la llevó a otro lado del Camino.

– ¡Eso es mejor! Quiero ir contigo - acordó Soñadora.

Muy satisfecho, la adicción pronto la fue alejando del grupo y diciendo:

- ¡Aquí, ven! A través de este atajo encontrarás las cosas y gustos que yo, la adicción te puedo dar. ¡Vamos!

- ¡Vamos! – Respondió Soñadora acompañando al extraño hombre sin mirar atrás.

Solitaria, desesperada, gritó:

- ¡Siempre hacia adelante! ¡Regresa! ¡No te desvíes del Camino! ¡Soñador!

– Y se fue. Y ni siquiera miró hacia atrás. No nos escuchó ni le importó dejarnos - concluyó tristemente el amigo Viajero.

Se abrazaron los cuatro y lloraron la pérdida de la querido compañera de viaje. No sabían cuánto volverían a verla con su hermoso cabello rojo rizado. Fue Aventurero quien alentó a otros a continuar:

– Vamos, debemos continuar.

– Pero antes, abramos el libro... – dijo dudado Aprendiz.

– Tienes razón, es un buen momento, concordó Viajero.

- *Abandona los caminos del vicio y escalar los escalones que te llevaran a la cima de la victoria sobre ti mismo.* [11] – Leyó Aprendiz, con la voz embargada y trémula

- Eso significa que Soñadora está perdida, ¿no? – Preguntó Solitaria.

- Parece que sí, pero nada es definitivo en este Camino... – agregó Aventurero.

- No debemos dejarnos abatir, tenemos mucho que caminar - dijo Viajero.

- Ojalá pudiera ayudar a Soñadora. Debe haber una manera... – Insistió Aprendiz.

---

[11] *Vida Feliz*, Divaldo P. Franco, por el espíritu Joanna de Ângelis, 14ª ed., p. 32.

- Y la hay. Como nos enseñó el señor Sabio, después de superar nuestras propias debilidades, estaremos listos para ayudar a aquellos que se han perdido a través de los atajos del Camino.

- Es verdad. Si queremos ir a buscarla ahora, nos arriesgamos a perdernos también. ¡Hay tantos peligros! – Completó Solitaria.

- Tienen razón. La única manera de ayudar a nuestra amiga es seguir adelante, concluyó Viajero.

- Y llegar victoriosos al final - recordó Aprendiz.

- Estoy empezando a pensar que es más difícil de lo que pensaba - fue el turno del Aventurero.

- Mejor caminemos - dijo Solitaria determinada.

- Siempre adelante - dijo Viajero retomando la delantera.

Y el grupo AVAS continuó sin Soñadora. Tristes, no podían entender por qué la compañera se había desviado por los atajos del vicio, pero firmes en el mismo propósito de llegar al final del gran viaje.

6 – CODICIA

Si tomas un camino lleno de desvíos, sabes que debes tener muchas precauciones (...)[12]

El tiempo fue pasando rápidamente, y mientras el grupo AVAS caminaba, los cuatro jóvenes aprendieron mucho y la experiencia obtenida los dejaba cada vez más seguros de sí mismos. Incluso demasiado seguros.

- ¿Saben algo? Creo que ya no quiero caminar - se desahogó un día Aventurero.

- ¡Es verdad! Antes recorríamos kilómetros en un solo día – concordó Solitaria.

- Ahora, hay algunas cosas en el Camino que me llaman la atención - comentó Viajero.

- Conmigo sucede lo mismo. He estado pensando en esta caminata interminable y creo que no sirve para nada caminar siempre hacia adelante - señaló Aprendiz un poco irritada.

Los cuatro parecían perder de vista las objeciones reales del viaje. Y fue Aventurero quien sugirió:

---

[12] *El Libro de los Espíritus*, Allan Kardec, Libro II, V – Elección de las pruebas.

– ¿Qué pasa si nos detuviésemos un poco para recoger el oro de las márgenes?

Apenas pronunció las últimas palabras, he aquí, que les surge frente a ellos, no se sabe de dónde, una impresionante mujer, con un vestido dorado, todo bordado en rubíes y esmeraldas, pegados al cuerpo, haciendo evidente la silueta perfecta. El cabello largo y plateado estaba amarrados por hermosas coronillas con brillantes. Llevaba pulseras y collares, anillos y pulseras, magníficamente tallados en oro amarillo y blanco, tachonados por una infinidad de piedras preciosas en varios colores y tamaños. Trajo una canasta llena de monedas brillantes. Era la Codicia.

¡Los jóvenes se acercaron deslumbrados con tantas riquezas! Ella les ofreció todo: dinero, joyas, oro, plata, finalmente, todas las riquezas imaginadas, y se alejando, lentamente e introduciéndose por un atajo. Mientras caminaba, aparecía un rastro brillante bajo sus pies y los AVAS se lanzaran al suelo juntando lo que conseguían, siguiendo a la mujer. Sus ojos, eclipsados por el brillo, no eran capaces de percibir nada más.

Los cuatro jóvenes siguieron a la Codicia arrastrándose por el piso y juntando lo que podían, llenando los bolsillos e improvisando bolsas para obtener cada y más, siempre más. Después de mucho tiempo, cansados, se detuvieron y se miraron a sí mismos, comenzaron a comparar sus riquezas:

– ¡Espera allí, Viajero, tienes más que yo! - Gritó decepcionada Aprendiz, señalando el tesoro de su compañero.

– ¡Tienes toda la razón, Aprendiz! Viajero cogió más que nosotras juntas – concordó Solitaria.

- ¡Y claro! Fui más inteligente y agarré mucho más – respondió Viajero riendo a carcajadas.

– ¡Pero esto no es justo! Somos compañeros de viaje y debes compartir con nosotros tu riqueza – dijo Aprendiz indignada.

Entonces, Aventurero, solidario con Viajero, intervino enojado:

– Pero, ¿quién crees que eres, Aprendiz? La dueña de la pieza?

- Así es. Si quieres más riquezas, ve a buscarlas - respondió Viajero alentado por su amigo -. Corre detrás de la Codicia. Si conseguí todo esto, ¡fue gracias a mi esfuerzo y todo es mío!

Y la discusión continuó feroz y sin control.

- ¿Y por qué no corres tú mismo detrás de la Codicia y traes más riquezas para nosotros? Después de todo, Aprendiz siempre ha ayudado en el Camino - dijo Solitaria.

- ¿Ayudó? ¿En qué? ¿Puedo saber? En verdad, Aprendiz y tú también Solitaria, siempre me molestaron, eso sí - respondió muy nerviosamente.

- ¡Nunca pensé que escucharía esto algún día! ¿Y cada vez que abrí el libro para resolver tus problemas? ¿Ya te olvidaste de eso? – Era el turno de Aprendiz, de decir todo afectado.

- Ah, ¿eso? ¡Este libro ni siquiera es tan bueno! - Dijo Aventurero con un gesto. Solo para demostrar que tengo razón ábrelo ahora mismo! ¡Quiero ver si servirá de algo lo que nos dirá!

Aprendiz tomó el libro y se lo abrió, con las manos temblorosas., indignada por todo lo que estaba sucediendo después del encuentro con la Codicia:

- *La abundancia material sin dignidad pervierte las costumbres, desorganiza al hombre y envilece el alma.*[13]

Todos escucharon y en silencio por unos momentos, pero Viajero y Aventurero no se dieron por vencidos. Aventurero se desahogó:

- ¡Eso no significa nada!

- ¡Además que no veo dignidad en nadie aquí! Todos abandonamos el Camino para entrar en estos atajos detrás de la Codicia - siguió diciendo Viajero enfático.

- ¿Y qué sugiere el sabiondo? – Preguntó Solitaria.

- Por lo que veo, ahora es cada uno por sí mismo... – Aprendiz concluyó.

Los ánimos estaban muy alterados.

- ¿Saben algo? No los necesito para nada. Y si las dos *madames* piensan que cogeré más riquezas para dividir, ¡están muy equivocadas! Voy a coger más oro para mí mismo - agregó Viajero.

- ¡Así se habla! Tienes toda la razón y para demostrar que estoy de acuerdo con todo lo que dices, ¡Chaucito so tolas – dijo Aventurero yendo con Viajero por uno de los muchos atajos que surgieron al frente.

- ¡Pueden irse! – Gritó Aprendiz.

---

[13] *Vida Feliz*, Divaldo P. Franco, por el espíritu Joanna de Ângelis, 14ª ed., p. 251.

- ¡Nosotras también tenemos nuestras riquezas y apuesto que sin ustedes para molestar, obtendremos mucho más! – Fue la vez de Solitaria.

- ¡Así es, amiga! Y estoy segura que nuestro oro será mejor que el de ellos - dijo Aprendiz recogiendo un pesado fardo. Sin embargo; inadvertidamente, dejó caer el libro y cuando bajó para recogerlo estaba abierto y pudo leer la oración:

- *La amistad es un tesoro del espíritu. Como un sol, irradia y felicita a cuántos lo reciben.*[14]

Decepcionada, cogió y guardó el libro. Parecía demasiado tarde. Siguió con Solitaria.

Mientras Viajero y Aventurero seguían por un lado, Aprendiz y Solitaria siguieron por otro. Todos se desviaron del Camino en busca de riquezas a través de sinuosos y oscuros atajos.

---

[14] *Vida Feliz*, Divaldo P. Franco, por el Espíritu Joanna de Ângelis, 14ava. Ed., p.23.

7 – AUDIENCIA

Los sufrimientos de este mundo a veces se derivan de nuestra propia voluntad. Regresando al origen, veremos que la mayoría son consecuencias de causas que podríamos haber evitado.[15]

Y el tiempo continuó rápido mientras los cuatro amigos seguían por diferentes atajos. Aprendiz y Solitaria querían demostrar que eran tan capaces como los muchachos, que a su vez, burlándose de sus amigas, trataban de creer que no las necesitaban para nada. Lo que pasó entonces, nadie podría prever. El señor Sabio tenía razón al decir que este Camino era mágico porque terminaba colocando frente a cada uno exactamente lo que necesitaba para su evolución. Para ninguno de los AVAS fue diferente.

La riqueza terminó cansando a Viajero, mientras que Aventurero necesitaría más tiempo para ver más claramente que la dirección tomada los desviara de los verdaderos objetivos de ese gran viaje.

– ¡Estoy tan cansado! Esta riqueza pesa demasiado – se desahogó Viajero exhausto.

---

[15] *El Libro de los Espíritus*, Allan Kardec, Libro II, IV – Ensayo teórico sobre la sensación de los Espíritus.

- ¡No digas nada de eso! Sin todo este oro, ya no podría caminar - dijo asombrado Aventurero arrastrándose debido al peso de las riquezas que llevaba consigo.

- Empiezo a sentir la falta del tiempo en que caminábamos, sin tener que cargar nada. El Camino era largo y claro - dijo Viajero.

Pero Aventurero, indignado, quería a toda costa convencer al amigo de lo contrario:

- ¿Qué pasa contigo? Mira todo este oro reluciente, estas esmeraldas, estos rubíes, los brillantes, ¡mira lo hermosos que son! Valen cualquier sacrificio, Para poseerlos tuvimos que entrar en todos estos atajos tortuosos y poco iluminados siguiendo a la Codicia, pero ¿y qué? ¡Todo tiene su precio!

Mientras escuchaba, Viajero se estaba dando cuenta cuánto se equivocara al salir del Camino. Queriendo hacer que su compañero recuperase la razón, intentó aun decir:

- Lo peor de todo es que cuanto más tenemos, más queremos. ¿Será que no te das cuenta que nos hicimos esclavos de la Codicia?

- ¡Somos ricos y poderosos, y esto es lo que importa! – Respondió Aventurero.

- Era mucho más feliz cuando no tenía nada - concluyó cabizbajo Viajero.

- ¡No puedo creer lo que escucho! ¡Solo puedes estar delirando! - Reacciona, intenta, caminemos un poco más, ¡tal vez mejore! – Aconsejó Aventurero.

- ¿Quieres saber algo más? Me acuerdo con frecuencia de una frase del libro de Aprendiz. ¡No sale de mi cabeza! – Continuó Viajero.

- Pues habla, déjalo salir, será bueno para ti - dijo Aventurero interesado.

- *Cuida de luchar por lo necesario, comparte lo que te sobre, ciertamente, haciendo falta a los otros*[16] –. Dijo Viajero.

Al darse cuenta de cuán abatido estaba su amigo, Aventurero respondió:

- Si quieres distribuir algunos centavos, está bien, pero no tienes que hacer drama. No te dejes impresionar por ese libro, escucha lo que te digo. ¡Continuemos, ya hemos perdido mucho tiempo y el tiempo es dinero!

Viajero no escuchó los apelos del codicioso amigo y antes que pudiera decir algo más, alguien surgió dejándolos curiosos. Una mujer llegó hacia ellos a pasos lentos, esbelta, cabellos sueltos, largos y oscuros cayendo sobre sus hombros, cuyas prendas parecían a lienzos de seda que se sobreponían en forma de un lindo vestido hermoso, fino y casi transparente para balancearse en su caminar. Al llegar muy cerca de ellos, dijo con calma:

- ¡Me llamo Nostalgia! Tú me conoces - señaló al Viajero.

- Creo que no... - respondió un poco avergonzado para no querer ser indiscreto. No podía imaginar que lo que

---

[16] *Vida Feliz*, Divaldo P. Franco, por el espíritu Joanna de Ângelis, 14ª ed., p. 19.

eventualmente diría bajo la mirada profunda de la joven, sintiéndose cada vez más impresionado:

- De hecho, recuerdo al comienzo del Camino y una gran presión se apodera de mi pecho. Me acuerdo de los Amores Materno y Paterno, del Aprendiz y todos los demás compañeros de viaje... ¡Oh! ¡Cómo duele! ¡Es insoportable! ¡Ya no quiero sentir este dolor, por favor Nostalgia, vete!

- No soy yo quien causa el dolor, pero la dirección que tomó en el Camino - dijo el la Nostalgia con firmeza -. Si siempre hubiera seguido enfrente, en lugar de mí, habrías encontrado Amor o Amabilidad o la Bondad e incluso el dulce Recuerdo. La elección fue tuya.

- Pero no lo sabía... – Se justificó Viajero.

- Sí, lo sabías. En tu interior, bien dentro de ti, hay una brújula que te guía en el Camino, a seguir en la dirección correcta. Fuiste tú quien quiso desviarse – continuó la joven.

Algo decepcionado, Viajero escuchó en silencio. Luego bajó la cabeza enseguida y preguntó suavemente:

- Y ahora, ¿qué hago? ¡Ya no quiero este oro, este peso, esta nostalgia!

Aventurero, que hasta entonces los escuchó en silencio, ya no se contuvo más diciendo con impaciencia:

- Pero, ¿qué conversación es esa?

Sin embargo, la Nostalgia continuó decidiendo:

– Ahora Viajero, debes buscar el Arrepentimiento y seguir con cuidado tratando de encontrar el Camino de regreso.

- ¿Y dónde encuentro este tal Arrepentimiento? - Preguntó Viajero.

- Pregúntale a tu corazón – dijo Nostalgia, alejándose y desapareciendo en una sombra más oscura del sinuoso sendero.

Mientras tanto Viajero la acompañaba con los ojos, Aventurero arriesgó:

- ¡Ei, Viajero, despierta! Esta Nostalgia te desorientó. Olvida el Arrepentimiento y ven conmigo detrás de la Codicia.

Con los hermosos ojos oscuros y expresivos mirando al amigo, Viajero decidió:

- No será así Aventurero. Ha llegado el momento de regresar. La Codicia nos ha hecho ciegos, pero ahora que percibimos, dejemos esta riqueza aquí y retornemos al Camino.

Sorprendió al verse incluido en la decisión del compañero, Aventurero fue juntando todo lo que podía y salió arrastrando lentamente el oro que consiguió, diciendo:

- ¿Dejar la riqueza aquí? ¡Ni lo pienses! Y si ya no quieres la tuya, puedes ir pasándomela aquí. Me haré más rico y poderoso aun. Y eso es solo el comienzo. ¡Continuaré detrás de la Codicia y tendré todo! Adiós.

Al ver a su compañero alejarse, Viajero decepcionado, pensaba cómo se había quedado solo. Una densa niebla se extendió a través de los árboles y cubrió el sendero.

- ¡Si tan solo Aprendiz estuviera aquí con su libro! Pero no puedo rendirme. Seguiré el consejo de Nostalgia. Consultaré mi corazón y tal brújula me guiará en el Camino hacia el Arrepentimiento y podré reparar los errores del trayecto.

Respiró hondo e incluso sin poder mirar correctamente, dio los primeros pasos, lentamente, pero decididos, buscando la salida y, aunque la dificultad, se sintió seguro de haber tomado la decisión correcta.

8 – La tristeza

El hombre, en la mayoría de las veces, es el artífice de su propia infelicidad. Practicando la ley de Dios, puede ahorrarse muchos males y disfrutar de una felicidad tan grande como le permite su existencia en un plano grosero.[17]

Mientras tanto, Aprendiz y Solitaria también encontraban dificultades por los atajos que escogieran.

- Este Camino se volvió demasiado oscuro - dijo Aprendiz.

- ¿De qué nos sirve toda esta riqueza? – Reflexionó Solitaria.

- He pensado mucho en el señor Sabio, en sus recomendaciones que nos dio antes de comenzar el viaje... No deberíamos haber entrado en este abismo - dijo Aprendiz.

– ¡Creo que entramos en un laberinto y nos quedamos perdidas para siempre! - Se quejó Solitaria.

- Fallamos compañera – concluyó Aprendiz. Y como todo en el Camino es mágico, he aquí, que surge, al lado de las dos viajeras, una anciana, toda vestida de negro. Ambas se

---

[17] *El Libro de los Espíritus*, Allan Kardec, Libro IV, 921.

asustan, y antes que pudieran pensar en huir, la señora pronto les fue diciendo:

- ¡Hola, queridas! No tienen que asustarse conmigo. Soy la Tristeza. Me encanta estar con personas como ustedes que creen que están perdidas para siempre, que se conforman con cualquier abismo y no hacen nada para recomenzar. Seremos excelentes amigas.

Aprendiz y Solitaria miraban a la Tristeza, muy arrugada, con una gran verruga en la nariz, ojos pequeños y profundos, sin dientes. Era muy fea. Su voz; sin embargo, era melodiosa y atractiva.

– ¡Tienes razón, Tristeza! Somos un fracaso y es mejor perderse para siempre – se lamentó Aprendiz.

- Es lo que merecemos. Somos perdedoras y la luz al final del Camino no sería para nosotras – complementó Solitaria.

Satisfecha con la debilidad de las dos jóvenes, Tristeza continuó involucrándolas:

- La luz es alegría, fuerza, coraje y esperanza. Ustedes, que son lo contrario de todo esto, deberían conformarse conmigo.

Al pronunciar la última frase, no pudo percibir el efecto de la palabra "conformarse." Mientras que para Solitaria sería un incentivo para la autocompasión, para Aprendiz, sonó como una alerta:

- ¿Conformarnos, nosotras? - Preguntó la joven.

Solitaria parecía estar disfrutando y de acuerdo con todo lo que decía la vieja.

- ¿Y qué haremos juntas? – Preguntó la joven.

- ¡Podremos lamentarnos por toda la eternidad! - Respondió la tristeza con su voz melodiosa.

- ¡Buena idea! – Dijo Solitaria radiante.

- ¿Y de qué nos lamentaremos? – Quiso conocer Aprendiz.

- Pues de todo. De todo lo que les sucedió, lo que les podría haber pasado, la pequeña luz en este tramo del Camino, el frío o el calor, y todo lo que quieran - explicó la vieja con calma –. ¡Tendremos todo el tiempo del mundo!

Aprendiz escuchaba, abriendo cada vez más los ojos azules mientras imaginaba tantos lamentos por toda la eternidad. Luego agregó indignada:

- Pero Tristeza, no crees que lamentarse todo el tiempo es muy aburrido?

Solitaria, entonces, acercándose a la señora, miró a su amiga con desaprobación:

– ¡Aprendiz! ¡No hables de esa manera la Tristeza, después de todo, ella es nuestra amiga!

Y la vieja, dando una entonación especial a la voz, añadió:

- Si lo prefieren, ¡también podemos llorar!

- ¿Estás viendo? – Dijo Solitaria–. ¡Ella todavía nos deja elegir!

– Y tendremos compañía: la Depresión, el Desánimo y la Indisposición... – enfatizó a la dama.

Aprendiz, infeliz, ya no se contuvo más:

- ¡Qué arrojada! No podrás manejar esa Tristeza durante mucho tiempo, ¿no te das cuenta?

Pero Solitaria no la escuchó:

- Pues entérate que me gustó mucho. Y seguiré sus pasos desde hoy en adelante en lugar de correr detrás de la Codicia y llevar el peso de la riqueza.

- Tampoco quiero saber nada sobre la Codicia. Ella es traicionera y mala, pero la Tristeza... no me complace - argumentó Aprendiz en el oído de su amiga.

- Entonces nos despedimos aquí. Aceptaré la compañía de esta señora vivida y experimentada. Adiós.

Aprendiz se quedó de pie mirando a su querida amiga introducirse más por el atajo, con los brazos dados con la vieja vestida de negro. Parecía satisfecha. Quería detenerla, pero no sabía cómo. Permaneció así por mucho tiempo, estática, dudando en qué rumbo tomar. Alrededor, abismos y bosque denso. Parecía no haber salida, pero antes que pudiera desesperarse, recordó el libro. Debería estar un poco arrugado y polvoriento, pero trataría de usarlo incluso así. Lo buscó por los bolsos y al encontrarlo se emocionó con el recuerdo del señor Sabio. Cerró los ojos y apretando el libro contra su pecho sintió que algunas lágrimas rodaron por sus mejillas. Con la certeza que el amado maestro no la había abandonado, a pesar de haberse desviado del Camino, Aprendiz lo abrió delicadamente encontrando el mensaje siguiente: *Eres hijo de Dios, por Él amado, que te protege y bendice. No te alejes de sus leyes y si te equivocas, en lugar de rendirse a conflictos innecesarios, regresa al camino del deber sin ningún temor.*[18]

Respirando profundamente buscó observar mejor y siguió lentamente, sin pasar por los obstáculos, que no eran más que obstáculos para ocultar la salida. Comenzó entonces, el regreso al Camino, segura y muy feliz.

---

[18] *Vida Feliz*, Divaldo P. Franco, por el espíritu Joanna de Ângelis, 14ª ed., p. 242.

9 – LA REUNIÓN

Haz las paces sin demora con tu adversario, mientras estás con él en el Camino.[19]

Viajero se encontró con el Arrepentimiento y con su ayuda logró regresar al Camino. Radiante de felicidad se dio cuenta cuánto era gratificante caminar en la dirección correcta. Estaba emocionado con la espléndida y majestuosa luz solar, con el canto de los pájaros y el verde de la hierba. Miraba encantado a las flores de todos los colores para adornar el paisaje y se deleitaba con el vuelo de las mariposas jugando alrededor. Cuando pensaba en el grupo SAVAIS, estaba seguro que cada uno, como él mismo, sabría volver al Camino y que eventualmente se reencontrarían.

Mientras tanto, Aprendiz también consiguió encontrar su salida del atajo sinuoso y oscuro donde se había introducido un día. Al ver el Camino, apenas podía contener la alegría que invadía su alma. Corrió, saltó, gritó con los brazos abiertos de la brisa acariciarle todo su cuerpo y sacudirle el cabello. Su felicidad era plena y ahora sabía, con certeza, que no caería en ninguna trampa.

---

[19] Mateo, 5:25.

Y como sucede en tal Camino, que es mágico, en el momento correcto, los dos terminaron reuniéndose. Fue emocionante verlos sorprendidos al mirarse, ojos húmedos sin saber qué hacer o decir:

– ¡Viajero!

– ¡Aprendiz!

- ¡Qué bueno es encontrarte!

- ¡También estoy muy feliz de verte!

- Cuando me desvié del Camino, todo se volvió tan oscuro y terminé encontrando la Tristeza... – dijo Aprendiz.

- ¿En serio? Yo también sufrí mucho y terminé encontrándome con la Nostalgia... – añadió Viajero.

- ¿Dónde está Aventurero y toda su riqueza? - Preguntó Aprendiz.

- La riqueza, la dejé por allí... ¡fue una gran ilusión! Aventurero continúa detrás de la Codicia - respondió Viajero –. No quiso volver conmigo. ¿Y tu oro? ¿Y Solitaria?

Solitaria y yo ya no quisimos seguir la Codicia, pero luego conocimos la Tristeza muy de cerca y nuestra amiga la siguió por los atajos oscuros y sinuosos lamentándose de su suerte.

La alegría y la tristeza se mezclaron en sus corazones por la felicidad de la reunión y la decepción por la pérdida de los otros compañeros de viaje. Inseguro, Soñadora, Aventurero y Solitaria se había quedado atrás. Ya no era el grupo SAVAIS o incluso AVAS. Ahora eran simplemente el AV. Debería estar orgulloso de haber logrado llegar allí, pero lo que sentían era bastante diferente.

Incapaces de contener por más tiempo la emoción, se abrazaron y lloraron, dejando que los sentimientos contenidos se expresaran y fue Viajero quien logró decir lo que se necesitaba en ese momento:

- ¿Qué tal si caminamos de nuevo juntos? Fue tan bueno un día... puede volver a ser.

- Eso es lo que más quiero – dijo Aprendiz.

Y la risa aguantada que brotó en sus labios se convirtió en una amplia sonrisa.

- ¿Sin resentimientos? - Preguntó Viajero.

- Ninguno – dijo Aprendiz.

- ¿Me perdonas? – Pidió Viajero.

- Solo si me perdonas - bromeó Aprendiz.

En este momento, el Perdón y la Amistad pasaron por el Camino. Abrazados y sonrientes, saludaron a sus amigos y procedieron hasta que desaparecieron más adelante.

- Me gustaron - dijo Aprendiz.

- A mí también - concordó Viajero.

- Muy diferente de esa tristeza desvaída. Imagina solo el programa que quería hacer: pasar toda la eternidad en lamentos y llantos. ¡Mira si puedes! – Dijo Aprendiz.

- ¡Ni lo digas! Menos mal que no entraste en esa. ¡Y la Nostalgia, entonces, que me daba punzadas soportables en mi pecho! No pude caminar por ese forma - dijo Viajero.

- Antes que continuemos, ¿será que podrías... - dijo Viajero reticente.

Aprendiz sabía muy bien de qué se trataba. Sonriendo, retiró el libro del bolso y se lo entregó al querido:

- *Concédete el derecho de equivocarte; sin embargo, exígete el deber de corregirte, Perdónate, aliéntate y da inicio a la tarea de reequilibrio personal, disminuyendo y reparando los prejuicios causados*[20] - leyó conmovido y antes que el entusiasmo del reencuentro amainase, Aprendiz continuó:

- Desde ahora, siempre adelante...

- ¡Siempre adelante! – Dijeron juntos y siguieron charlando animados en el Camino, tomados de la mano. La experiencia que cada uno vivió los fortaleció y ahora sabían lo que querían. Y todavía había mucho para caminar.

---

[20] *Vida Feliz*, Divaldo P. Franco, por el espíritu Joanna de Ângelis, 14ava ed., p. 32 y 54

10 – LA LLEGADA

La encarnación es un estado transitorio. En su estado normal, el espíritu está libre de materia.[21]

Aprendiz y Viajero se acercaban a la línea final y apenas podían contener la satisfacción por estar llegando. Había pasado mucho tiempo desde el reencuentro de los dos amigos y, a partir de entonces, el viaje fue muy agradable para ellos. Sabían cómo evitar los peligros y valorar la compañía del otro. Pudieron aprender mucho de todo lo que vieron y la magia del Camino fue muy gratificante para ellos, haciéndolos mejores de lo que eran al comienzo de la jornada. Cada uno podía sentir que el trayecto ya había sido todo recorrido y estaban exhaustos, pero felices y ansiosos por encontrar al querido Sabio. Y a pesar de todo el cansancio, ambos adquirieron una gran fuerza interior.

Sus ojos avistaron el portal que, como en al inicio, se abría para ellos, pero ahora llevándolos de regreso a casa. Dulce somnolencia invadía sus miembros y con los párpados pesados, se quedaron dormidos, mientras una suave brisa los envolvía suavemente cargándolos por el portal con caricias de tiernas melodías.

No pudieron decir cuánto tiempo estuvieron en ese delicioso balanceo que les quedó grabado en la memoria

---

[21] *El Libro de los Espíritus*, Allan Kardec, Libro II, 225

como un sueño delicioso y restaurador. Al despertar apenas podían creer lo que sus ojos vieron: estaban acomodados entre la hierba suave entre los queridos árboles de antaño, en esos valles donde un día planearon el viaje. Junto a ellos estaba el querido amigo, el señor Sabio abriéndoles los brazos y saciar nostalgia tan grande:

– Queridos alumnos, ¡ustedes lo consiguieron! Llegaron victoriosos y, aunque tropezaron o cayeron, supieron cómo levantarse y continuar siempre hacia adelante. Encontraron Vicios y Virtudes, pudieron elegir y aprender de las consecuencias de cada gesto. ¡Hoy son victoriosos!

El júbilo y la alegría los involucraron y después de la emoción inicial de la reunión con el maestro, Aprendiz y Viajero tenían mucho que preguntar. Fue la joven que comenzó:

- Maestro, ¿qué pasó con Inseguro?

- No pudo hacer el viaje con ustedes y regresó acobardado - respondió con calma el señor -. Se preparó mejor poniendo más valor en su equipaje y siguió hace poco teniendo grandes oportunidades de hacerlo bien en el Camino que escogió.

- ¿Y los compañeros que se perdieron? – Era el turno de Viajero.

- Soñadora todavía sigue en la Adicción. Su liberación está programará pronto, pero es muy delicado y necesitará la intercesión de algunos socorristas, posicionados en puntos estratégicos del Camino para emergencias como esta. Aventurero todavía está engañado por la Codicia, pero sabemos que es cuestión de tiempo. Cuando se dé cuenta, buscará, como ustedes, el regreso al Camino. Solitaria estuvo mucho tiempo enferma de tanta tristeza, pero fue la primera de los tres en querer encontrar la salida y ya está muy cerca de ella. Los tres fueron respetados; no obstante, hayan hecho la decisión equivocada, porque un día cosecharán sabiduría de sus errores. Yo estaré esperando por ellos pacientemente. También llegarán victoriosos tarde o temprano.

No había nada más que decir. Todos estaban felices por la victoria de Aprendiz y Viajero y más felices aun por la certeza que el grupo SAVAIS terminaría reuniéndose, todos victoriosos. Mientras tanto, necesitaban descansar de toda la caminata y luego... ¡comenzar todo otra vez...!

EXPLICACIÓN
Una jornada espiritual

166 – El alma que no ha logrado la perfección en la vida corporal, ¿cómo termina de purificaste?

– *Soportando la prueba de una nueva existencia.*

– ¿Cómo el alma realiza esta nueva existencia? Es por su transformación como espíritu?

– *Depurándose, el alma sufre, sin duda, una transformación; pero para esto le es necesario la prueba de la vida material.*

- ¿El alma pasa por varias existencias corporales?

- *Sí, todos pasamos por varias existencias físicas. Los que dicen lo contrario, pretenden mantenerlos en la ignorancia en la que ellos mismos se encuentran; ese es su deseo.*

– Parece resultar de este principio que el alma, después de dejar un cuerpo, toma otro o luego reencarna en un nuevo cuerpo; ¿es así como se debería entender?

– *Es evidente.*

> El Libro de los Espíritus, Allan Kardec; Capítulo IV, Pluralidad de Existencias, Pregunta 166 y siguiente.

Las ideas y nociones difundidas por la Doctrina Espírita a partir de la publicación del primer libro, llamado *El Libro de los Espíritus*, compilado por Allan Kardec, en París, en

1857, como resultado de estudios comparativos y observaciones con todo el rigor científico de la época, no son absolutamente nuevos.

De hecho, la idea misma de la reencarnación es de las más antiguas y de las más comunes para todos los pueblos y culturas de todos los tiempos. Existe una vasta literatura que comenta muchos episodios que lo tipifican claramente, además de los estudios más recientes que demuestran que las reencarnaciones - y no la genética ni la herencia -; es decir, las vidas sucesivas, con la acumulación de experiencias y la reparación de errores que naturalmente todos cometemos.

Pitágoras, Sócrates, Platón y Aristóteles, para citar solo los filósofos griegos más conocidos de antigüedad, mencionan - cada uno a su manera -, la reencarnación, con mayor o menor precisión en cuanto a los procesos que lo involucran.

Todos los libros considerados sagrados por las muchas culturas que ya han pasado por nuestro planeta la mencionan con diferentes palabras, y ni siquiera la Biblia está fuera de este fenómeno, lo que en sí mismo estaría motivado para reflexiones atentas e imparciales.

Lo que molesta a muchos en la tesis de la reencarnación, además de la carga de la responsabilidad personal, es la posibilidad que los ricos de hoy renazcan pobres en el futuro, como una nueva experiencia o necesidad de aprendizaje. El hermoso renacer sin la belleza física que se estima tanto, el señor regresa en la condición de servidor, el jefe en la de empleado, la celebridad resurge en la Tierra como una figura apagada, sin proyección social. Detrás de esto, por regla general, predomina clase, casta, color, etc.

Olvidan los beneficios de la reencarnación: la reparación de los errores cometidos, el nuevo aprendizaje, las nuevas oportunidades de convivencia, la consolidación de las virtudes, la realización afectiva, los pacientes tienen un nuevo cuerpo sano, el que vivió en la escasez conoce un poco de abundancia, y aquellos que no tuvieron acceso al conocimiento, las artes y la cultura tienen su oportunidad... la reencarnación es, sobre todo el equilibrio de la balanza en la justicia divina.

* * *

Cabe señalar que la reencarnación por sí misma - o vista como una especie de fenómeno aislado –, no sería suficiente para promover todas las oportunidades y experiencias, todas las posibilidades y riquezas espirituales que la vida nos ofrece.

La mediumnidad, como un proceso de intercambio entre los mundos material e inmaterial, o entre 'vivos' y 'muertos', si el lector prefiere, es un elemento indispensable para la comprensión de su propia encarnación, así como la evidencia de su realidad. Al final, que ya ha tenido la oportunidad de hablar con un "muerto", también ha tenido la oportunidad de demostrar, de una manera exhaustiva y definitiva, que la vida continúa más allá de la materia y que la muerte es un error de nuestros sentidos limitados, que no es más de un fenómeno orgánico. Es simplemente el final de las funciones vitales del cuerpo carnal.

La mediumnidad es una conexión permanente con nuestro origen espiritual, ya sea de forma ostentosa como la tuvo el conocido médium Chico Xavier, o más subjetivamente, en forma de intuiciones, premoniciones, presentimientos inspirados por espíritus amigos - ¡a veces no tan amigos! -, para llevarnos a hacer o dejar de hacer algo. De cualquier manera, la relación entre los llamados encarnados y los desencarnados es permanente, con interferencias e influencias mutuas y continuas.

De hecho, vivimos sumergidos en un océano de pensamientos y emociones provenientes de nosotros mismos, y de aquellos emitidos por todas las almas para pasar por la inmensidad de los espacios. Respiramos la atmósfera espiritual correspondiente al estándar vibratorio singular; el que es el resultado y el resultante de nuestro acumulado evolutivo.

Somos herederos de nosotros mismos y asimilamos las influencias de otros seres que pueden comparar ideas, sentimientos, proyectos, deseos, anhelos de amor... u odio. Atraemos hacia nosotros para nuestra conveniencia, exactamente aquellos que se encuentran en afinidad con nuestro patrón espiritual específico. Cada uno de nosotros tenemos una especie de "digitalidad espiritual."

Lo que leemos, vemos, hacemos, compartimos, vivimos, ya sea por libros, televisión, ambientes que frecuentamos, etc., tipifica nuestro ser. Dicen quiénes somos, desde el punto de vista moral y espiritual. Nuestras tendencias y preferencias nos identifican para los otros encarnados y, especialmente, para los desencarnados que nos observan, ya que, fuera de las limitaciones de la materia, pueden darse cuenta mucho más que nosotros mismos.

Cuando cambiamos nuestra cosmovisión, incluida, además de la reencarnación y la mediumnidad, la existencia de un poder mayor, que podemos llamar Dios, el pensamiento puro, Logos o cualquier otro nombre dentro de nuestro escaso vocabulario terrenal, cualquiera que sea el idioma o cultura, vemos que la vida gana nuevas dimensiones. ¡En general, a partir de allí, la fe en la vida y en el futuro se fortalece!

172 –. Nuestra diferente existencia corporales pasan todas sobre la Tierra?

– No, *no todas, sino en los diferentes mundos; la que pasamos en este globo no es la primera, ni la última y es una de las más materiales y de las más distantes de la perfección.*

El Libro de los Espíritus, Allan Kardec, Encarnación en los diferentes mundos, Pregunta 172 y siguientes.

Actualmente se habla mucho en el fin del mundo, fin de los tiempos y cosas así. Suceden profundas transformaciones periódicas en los planetas que reciben reencarnantes por miles de millones en grandes intervalos de tiempo, como en la Tierra, y que eventualmente son conducidos a otros planetas, compatibles con el nivel evolutivo alcanzado por sus miembros.

Nuestro planeta Tierra está viviendo uno de esos momentos de "selección kármica" para usar la expresión anterior que se ha vuelto más popular. Esto no se trata de un castigo, sino de hacer justicia. Todos aquellos que se han matriculado en esta escuela primaria llamada Tierra, están siendo llevados a tomar la evaluación del desempeño por los mecanismos de la propia vida. No hay dedo acusador o juez implacable quién dirá quién se queda y quién deja este mundo.

Muchos se preocupan por las separaciones afectivas, pero debe recordarse que los afines se atraen y que todos los que comulgan de los mismos ideales y propósitos, más allá de ser evolutivamente compatibles, estarán juntos de alguna manera. No hay injusticias en este campo. Amores verdaderos, bien construidos y conducidos se mantendrán unidos.

Pero también es cierto que muchos tendrán sus vidas transferidas a otros mundos, otros orbes, más o menos avanzados que nuestra Tierra, para recomenzar o aprender lo que no aprendieron mientras estuvieron aquí; ya sea para progresar más fácilmente en mundos consistentes con la referencia moral espiritual. Esta interacción espiritual entre los mundos es común y permanente, ya que facilita el aprendizaje y el servicio en el bien, y la participación activa en el trabajo divino.

Necesitamos deshacernos de conceptos arcaicos, que ya nos fueron útiles en otros tiempos, pero que hoy constituyen un lastre inútil, como las nociones de pecado, del juicio final - salvo como alegoría de lo transformante -, del pecado original, del Señor de los ejércitos - como sinónimo de fatalismo -, o de un dios que castiga y pune por niñerías, como si fuese un rey que necesita ser adulado para calmarse. Ese dios caprichoso y celoso es un reflejo de nuestras propias imperfecciones, una proyección de nuestro ego. ¡Herencia de tiempos idos!

183 – Pasando de un mundo a otro ¿El espíritu pasa por una nueva infancia?

- La infancia es, en todas partes, una transición necesaria, pero en otras partes no es tan precaria como entre ustedes.

El Libro de los Espíritus, Allan Kardec, P. 183

Si la infancia es, en todas partes, una transición necesaria, nos refiere a la importancia que siempre debe recibirse incondicionalmente. Después de todo, estamos formando nuevas personalidades, dando a los recién llegados al mundo físico, los elementos que constituirán su "código de carácter", que solo se puede hacer hasta los ocho o nueve años, aquí en la Tierra. Por lo tanto, esta marca inicial siempre influirá en las decisiones futuras.

Misión seria y relevante que los padres asumen cuando traen espíritus de la vida en la erraticidad – expresión hoy arcaica y que significa mundo espiritual o simplemente espiritualidad –. Tener hijos es asumir la difícil y noble tarea de moldear caracteres, de influenciar comportamientos, de inhibir malas tendencias, de sustituir impulsos negativos por otros mejores. Y esto es posible si primeramente y principalmente si los padres y, también los responsables y los educadores son conscientes de esta tarea.

Sin ella, los jóvenes se desorientan en el caos social; se pierden frente a las muchos apelos inútiles y superficiales de los medios; camina a la par sin sentido o propósito existencial. La falta de experiencia y apoyo afectivo y moral han dejado a nuestros jóvenes entregados a sí mismos, en el aprendizaje por intento y error, cuando no siguen las influencias dudosas, intercambiando héroes por personalidades pasajeras, viviendo por imitación, sin un ego bien construido, a la altura de las necesidades cotidianas cada vez más exigentes.

La violencia, el consumo de drogas ilícitas, el alcoholismo, sexo incontrolado y siempre insatisfactorio, homicidio, la velocidad como escape, el miedo a la vida, el miedo a la nada o de todo, descargar sus frustraciones sobre amigos y parientes, la opción por la ignorancia, o el mal gusto estético, la falta de límites, la depresión y, a menudo el suicidio, puede ser el resultado de una vida sin la visión inmortalista y reconfortante que todo pasa; que todo lo que nos ofrece la Tierra son experiencias para ser bien aprovechadas, aunque muy durísimas, pero siempre pudiendo contar con la ayuda de quienes están volteados hacia el bien, porque ya han descubierto que el bien es mejor... ¡y son muchos!

La infancia es un descanso, un reposo, para el espíritu, enseña la Doctrina Espírita. Pero durante este descanso, los padres, educadores, responsables y sociedad en general tienen sus obligaciones morales y legales en la formación y preparación de nuevos ciudadanos encarnados. Escapar de este compromiso principal con la familia y la sociedad es plantar el caos.

Necesitamos buscar y renovar los recursos disponibles para preparar mejor las nuevas generaciones. El modelo seriado de la educación clásica es insatisfactoria; el modelo por módulos todavía encuentra obstáculos. Pero tenemos la pedagogía espírita, la pedagogía Waldorf, la de Paulo Freire, entre otros. Estos pensadores de la educación, incluidos Comenius y Jean-Jacques Rousseau, no han pasado por la Tierra por nada, y simplemente están cayendo en el olvido, mientras que la sociedad necrótica por falta de valores consistentes.

Estamos experimentando un período de elecciones que repercutirán en el futuro cercano y lejano de la humanidad. Y no debemos olvidar que todo el aprendizaje se incorpora al acervo del espíritu, y que éste lo llevará a donde vaya, sea cual sea el punto del universo donde pueda reencarnarse. De ahí la atención necesaria para la conducción segura, enérgica cuando sea necesario, y amoroso con los niños de ahora.

392 – ¿Por qué el espíritu encarnado pierde el recuerdo de su pasado?

– *El hombre no puede ni debe saberlo todo; Dios no lo quiere así en su sabiduría. Sin el velo que cubre ciertas cosas, estaría deslumbrado, como quien pasa, sin transición, de la oscuridad a la luz. Al olvidar el pasado, él es más él mismo.*

El Libro de los Espíritus, Allan Kardec, Olvido del pasado, p. 392 y siguientes.

Hubo un momento en que una verdadera fiebre sobre la regresión de memoria tomó cuenta no solo del entorno espírita, pero se extendió a través de varios segmentos sociales. Pocas personas se detuvieron para analizar las comodidades y los inconvenientes - y los peligros -, de este tipo de experimentos.

Se creía, ingenua y completamente, que regresar al pasado, revisando sus propias reencarnaciones, era una panacea para los males de hoy. ¡Tremendo engaño! El propio Emmanuel, espíritu, a través de la mediumnidad de Chico Xavier comentó el asunto, advirtiendo sobre los peligros, y son muchos.

La afirmación resumida que si no podemos recordar nuestras vidas, nuestras encarnaciones pasadas es porque no han existido, es de inmensa ligereza. Aquellos que se así se posicionan no se detienen para pensar que desde la concepción se construye un cuerpo completamente nuevo, con un sistema completo de memoria cerebral limpia. La memoria profunda está allí, pero no se accede a la misma como accedemos a nuestro aprendizaje sobre cómo andar en bicicleta o nadar.

Imagínese, querido lector o lectora, si tuviéramos en nuestra memoria actual, todo el acervo de las experiencias, buenas y malas, de nuestras vidas anteriores. ¿Cómo lidiaríamos con tal volumen de información y emociones superpuestas? ¿Cómo llevar una vida doble y triple...? ¿Cómo lidiar con personas que amamos en el pasado y hoy están alejadas, o con personas que nos odian u odiamos y que actualmente hacen parte de nuestra convivencia?

De dónde vendrían las posibilidades de reconciliación, de aprendizaje, de nuevos intentos y experiencias en diferentes campos de la vida, si permaneciésemos presos a ideas antiguas, ciertamente anacrónicas. Si en cada encarnación buscamos cumplir con proyectos de vida, supongamos que hayamos fracasado. ¿Cómo vivir con ese sentimiento?

El olvido es una bendición, y las personas - y no son tan pocas como se cree -, que tienen la capacidad de recordar, de forma natural y espontánea extractos de encarnaciones pasadas, se deben a que están listos para ello, y para ellas son naturales y normales. No es una experiencia que deba ser forzada. Los recuerdos vendrán, siempre y cuando sean oportunos.

Como somos herederos de nosotros mismos, para saber quiénes éramos, qué hemos hecho, solo basta observar nuestras tendencias, gustos, preferencias, habilidades, ideas, objetivos, grado de comprensión de la vida, la capacidad de convivir con los demás, tipos de amistades, a qué preferimos dedicarnos en el tiempo libre... la suma de estas observaciones es lo que somos como espíritus como seres inmortales.

Pero si hay alguna circunstancia en que la terapia de vidas pasadas puede ser útil, refiriéndose incluso a las encarnaciones distantes, es cuando ciertas enfermedades no responden a las técnicas convencionales. Insomnio persistente, fobias y ciertos trastornos obsesivos compulsivos, entre otros trastornos, pueden tener alivio o solución con una regresión hipnótica hecha por un terapeuta competente y no por algún aventurero de servicio.

Nuestro llamado subconsciente corresponde a más del noventa por ciento de nosotros mismos. Nuestra memoria profunda contiene todo lo que se ha sentido y vivido durante los milenios, por lo que retroceder al pasado remoto no es recordar, *es revivir*, con toda la carga emocional correspondiente, y eso puede ser dañino para el paciente.

Además, el terapeuta debe ser consciente de fenómenos correlacionados, como la psicometría ambiental, la obsesión, la telepatía, la autosugestión, a los pensamientos y los deseos plantados por nosotros mismos en nuestra mente. La regresión hipnótica es algo más complejo de lo que parece, y puede ser muy útil en manos hábiles.

* * *

Toda la riqueza de la vida espiritual está actualmente al alcance del estudioso serio. De aquel y aquella que tiene disposición para abrir la mano de determinadas cosas, hacer elecciones, y dedicarse a los estudios de manera regular, para agregar gradualmente conocimiento y experiencias que le brinden la certeza de continuidad de la vida más allá de la materia, y de las muchas posibilidades que nos esperan, a pesar de los dolores y el sufrimiento que vive la humanidad hoy.

Con el tiempo, la mente pierde el acondicionamiento y los bloqueos producidos por la vida material y comienzan a surgir nuevas percepciones, sin esfuerzo, espontáneamente. De esta manera y por este medio seguro, cada uno comienza a tener sus propias certezas. Ya no depende de las declaraciones de terceros, ya no necesita creerlo, porque ya sabe, está íntimamente convencido de las realidades de la vida espiritual.

No es un viaje a hacer rápidamente, leer todo lo que aparece y creer en lo que uno quiera. Cada estudio serio requiere disciplina y método para llegar a algún lado. El camino que conduce al conocimiento de las realidades espirituales naturalmente es largo, ya que somos seres recientemente salidos de la animalidad y que hace poco tiempo despertamos a los verdaderos problemas espirituales. Ellos siempre estuvieron allí, pero aun no éramos capaces de percibirlos. Ahora, una parte de la Humanidad, ya la intuye, presiente, conoce y sabe.

Cada uno tiene su propio ritmo en este viaje. Con paradas, avances y tal vez algunos contratiempos, pero una vez que comienza, no termina. Cada respuesta levanta dos nuevas preguntas, lo que da sabor a la búsqueda del saber. Con el tiempo, uno se da cuenta que el camino vale la pena, en el silencio de uno mismo, en un mundo en profundas transformaciones.

Paulo R. Santos – Minas, febrero de 2012.

Grandes Éxitos de Zibia Gasparetto

Con más de 20 millones de títulos vendidos, la autora ha contribuido para el fortalecimiento de la literatura espiritualista en el mercado editorial y para la popularización de la espiritualidad. Conozca más éxitos de la escritora.

Romances Dictados por el espíritu Lucius

La Fuerza de la Vida

La Verdad de cada uno

La vida sabe lo que hace

Ella confió en la vida

Entre el Amor y la Guerra

Esmeralda

Espinas del Tiempo

Lazos Eternos

Nada es por Casualidad

Nadie es de Nadie

El Abogado de Dios

El Mañana a Dios pertenece

El Amor Venció

Encuentro Inesperado

Al borde del destino

El Astuto

El Morro de las Ilusiones

¿Dónde está Teresa?

Por las puertas del Corazón
Cuando la Vida escoge
Cuando llega la Hora
Cuando es necesario volver
Abriéndose para la Vida
Sin miedo de vivir
Solo el amor lo consigue
Todos Somos Inocentes
Todo tiene su precio
Todo valió la pena
Un amor de verdad
Venciendo el pasado

Otros éxitos de Andrés Luiz Ruiz y Lúcio

Trilogía El Amor Jamás te Olvida
La Fuerza de la Bondad
Bajo las Manos de la Misericordia
Despidiéndose de la Tierra
Al Final de la Última Hora
Esculpiendo su Destino
Hay Flores sobre las Piedras
Los Peñascos son de Arena

Otros éxitos de Gilvanize Balbino Pereira

Linternas del Tiempo

Los Ángeles de Jade

El Horizonte de las Alondras

Cetros Partidos

Lágrimas del Sol

Salmos de Redención

Libros de Eliana Machado Coelho y Schellida

Corazones sin Destino

El Brillo de la Verdad

El Derecho de Ser Feliz

El Retorno

En el Silencio de las Pasiones

Fuerza para Recomenzar

La Certeza de la Victoria

La Conquista de la Paz

Lecciones que la Vida Ofrece

Más Fuerte que Nunca

Sin Reglas para Amar

Un Diario en el Tiempo

Un Motivo para Vivir

¡Eliana Machado Coelho y Schellida, Romances que cautivan, enseñan, conmueven y
pueden cambiar tu vida!

Romances de Arandi Gomes Texeira y el conde J.W. Rochester

El Condado de Lancaster

El Poder del Amor

El Proceso

La Pulsera de Cleopatra

La Reencarnación de una Reina

Ustedes son dioses

Libros de Marcelo Cezar y Marco Aurelio

El Amor es para los Fuertes

La Última Oportunidad

Nada es como Parece

Para Siempre Conmigo

Solo Dios lo Sabe

Tú haces el Mañana

Un Soplo de Ternura

Libros de Vera Kryzhanovskaia y JW Rochester

La Venganza del Judío

La Monja de los Casamientos

La Hija del Hechicero

La Flor del Pantano

La Ira Divina

La Leyenda del Castillo de Montignoso

La Muerte del Planeta

La Noche de San Bartolomé

La Venganza del Judío

Bienaventurados los pobres de espíritu

Cobra Capela

Dolores

Trilogía del Reino de las Sombras

De los Cielos a la Tierra

Episodios de la Vida de Tiberius

Hechizo Infernal

Herculanum

En la Frontera

Naema, la Bruja

En el Castillo de Escocia (Trilogía 2)

Nueva Era

El Elixir de la larga vida

El Faraón Mernephtah

Los Legisladores

Los Magos

El Terrible Fantasma

El Paraíso sin Adán

Romance de una Reina

Luminarias Checas

Narraciones Ocultas

La Monja de los Casamientos

Libros de Elisa Masselli

Siempre existe una razón

Nada queda sin respuesta

La vida está hecha de decisiones

La Misión de cada uno

Es necesario algo más

El Pasado no importa

El Destino en sus manos

Dios estaba con él

Cuando el pasado no pasa

Apenas comenzando

Libros de Vera Lucía Marinzeck de Carvalho

y Patricia

Violetas en la Ventana

Viviendo en el Mundo de los espíritus

La Casa del Escritor

El Vuelo de la Gaviota

Vera Lucía Marinzeck de Carvalho

y Antônio Carlos

Amad a los Enemigos

Esclavo Bernardino

la Roca de los Amantes

Rosa, la tercera víctima fatal

Cautivos y Libertos

Libros de Mónica de Castro y Leonel

A Pesar de Todo

Con el Amor no se Juega

De Frente con la Verdad

De Todo mi Ser

Deseo

El Precio de Ser Diferente

Gemelas

Giselle, La Amante del Inquisidor

Greta

Hasta que la Vida los Separe

Impulsos del Corazón

Jurema de la Selva

La Actriz

La Fuerza del Destino

Recuerdos que el Viento Trae

Secretos del Alma

Sintiendo en la Propia Piel

Otros Libros de Valter Turini y Monseñor Eusébio Sintra

Isabel de Aragón, La reina médium

El Monasterio de San Jerónimo

El Pescador de Almas

La Sonrisa de Piedra

Los Caminos del Viento

Si no te amase tanto...

World Spiritist Institute

www.ingramcontent.com/pod-product-compliance
Lightning Source LLC
LaVergne TN
LVHW042156070526
838201LV00047BA/1429